Inhalt

Die Neuen begrüßen

1 Stellt euch vor, es kommen drei Kinder neu in eure Klasse:
Lina aus Hamburg
Samira aus Damaskus
Jamil aus Conakry

Ergänze die Angaben.
Suche Informationen im Internet. Nutze auch den Atlas.

Stadt: Hamburg
Land:

Eine Sehenswürdigkeit:

Stadt: Damaskus
Land:

Eine Sehenswürdigkeit:

Stadt: Conakry
Land:

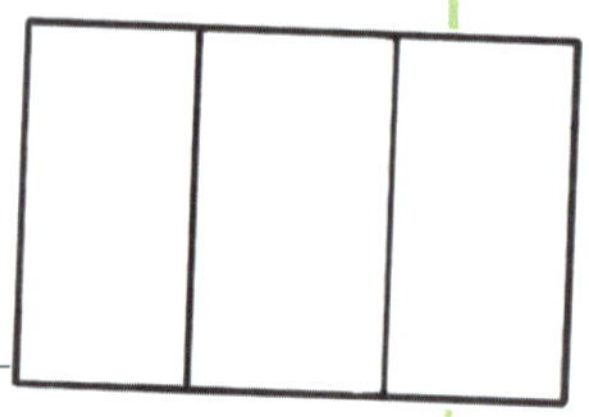

Eine Sehenswürdigkeit:

Kinder sind verschieden; im öffentlichen Leben kulturelle Vielfalt wahrnehmen, Kindern unterschiedlicher Herkunft begegnen; sich mithilfe des Atlas und Internets über Kindsein weltweit informieren

S. 2/3

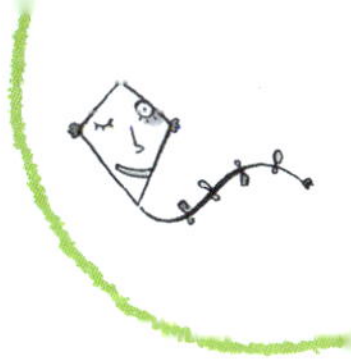

3 Wähle dir einen Tag aus: Wie war das Wetter an diesem Tag? Schreibe zuerst das Datum auf.

Datum: ______________________________________.

4 Beobachte das Wetter an diesem Tag.

Fülle für morgens, mittags und abends eine Spalte aus.
Denke an: Temperatur, Bewölkung, Niederschlag und Wind.
Nutze die Wetterzeichen auf Seite 20 und 22 im Schülerbuch.

Wetterbeobachtung

Tageszeit	morgens	mittags	abends
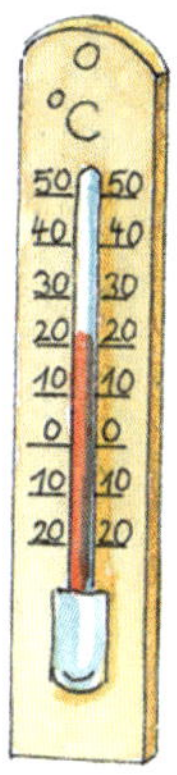	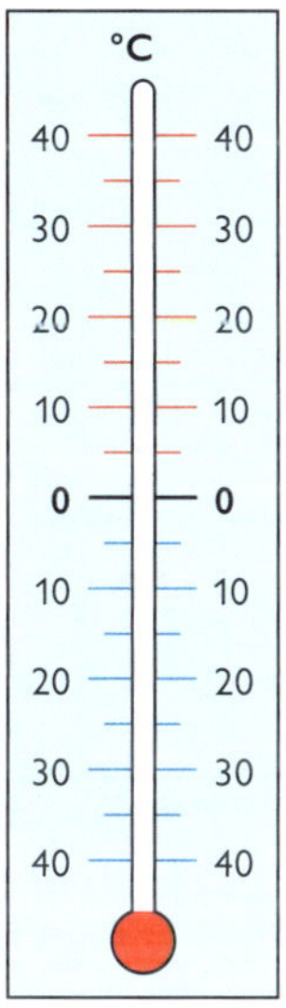	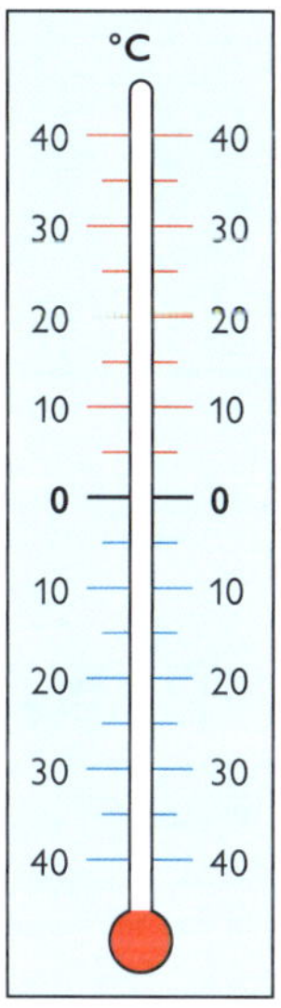	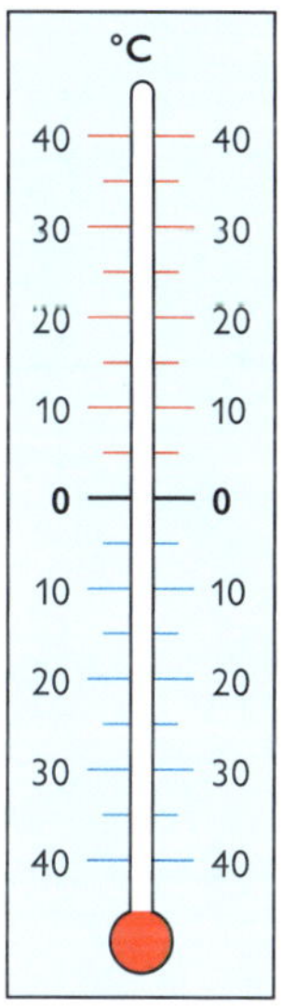
Temperatur in °C			
Bewölkung			
Niederschlag			
Windstarke			

5 Vergleiche deine Tagesbeobachtung mit einem Wetterbericht. Kreuze an.

☐ sind gleich ☐ sind ähnlich ☐ sind ganz verschieden

Einen Tag für eine Wetterbeobachtung auswählen; Wetterbeobachtungen und -messungen morgens, mittags und abends durchführen und protokollieren; Ergebnisse mit einem Wetterbericht abgleichen

S. 4/5, 16

Der Kreislauf des Wassers

1 Beschreibe den Kreislauf des Wassers.

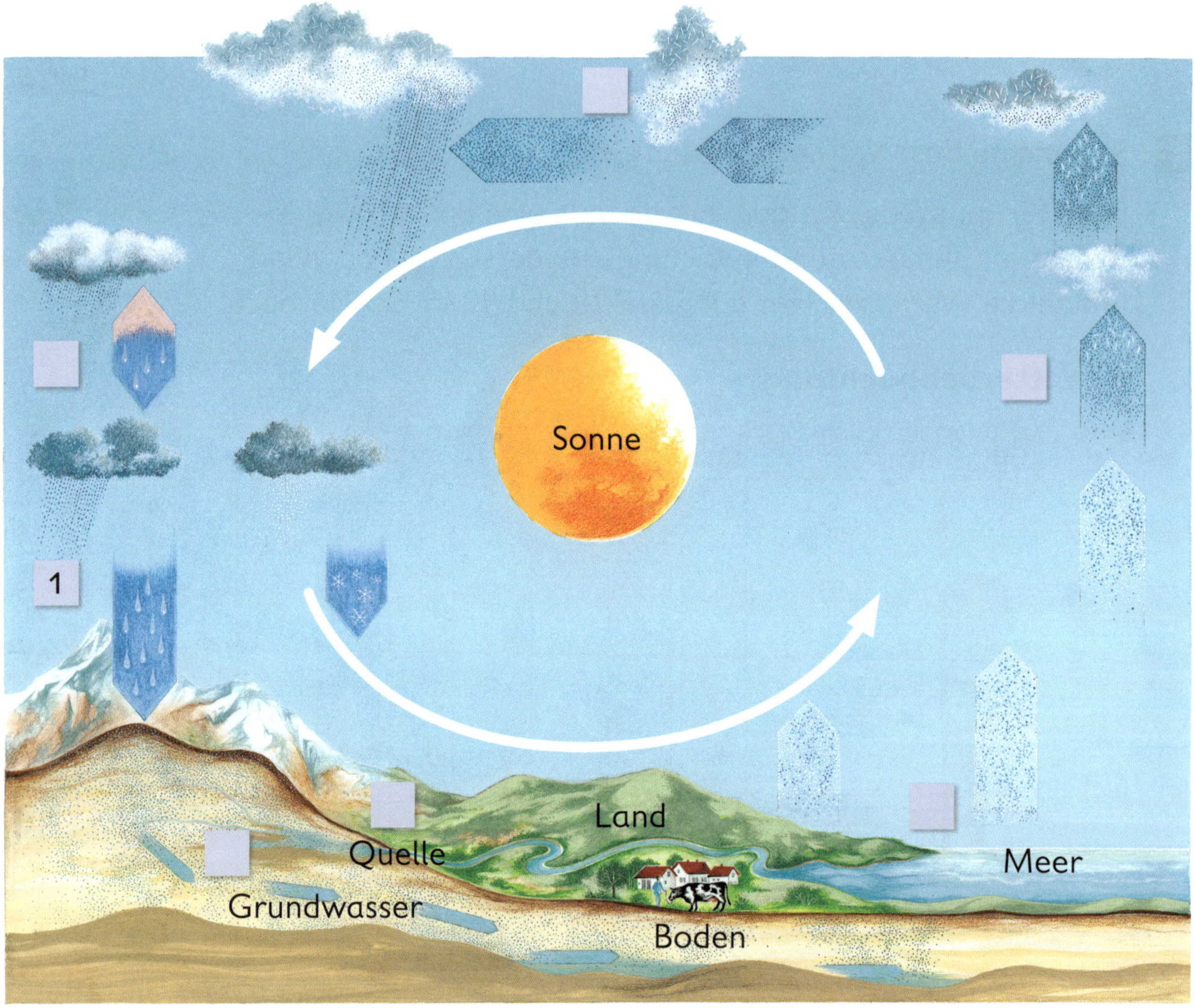

2 Wie kommt das Wasser im Wasserkreislauf vor? Notiere Beispiele:

Den Kreislauf des Wassers mithilfe des Schaubildes beschreiben, Beispiele für die Zustandsformen des Wassers im Kreislauf nennen, kausale Zusammenhänge erkennen und verständlich darlegen (Wenn ..., dann ...); einige Zustandsformen an Beispielen aufschreiben

S. 6/7, 12/13

3 Schreibe in das Schaubild auf Seite 10 die Nummern.

1	Niederschlag fällt aus den Wolken. Es regnet. Ist die Luft sehr kalt, fällt Schnee.
2	Teile des Niederschlags versickern im Boden. Es sammelt sich Grundwasser an.
3	Dort, wo das Wasser einen Weg nach außen findet, entsteht eine Quelle. Wasser sammelt sich in Flüssen, Bächen und Meeren.
4	Die Sonnenwärme erwärmt Wasser und Land. Flüssiges Wasser verwandelt sich in den gasförmigen Zustand. Es bildet sich Wasserdampf.
5	Der unsichtbare Wasserdampf steigt mit der erwärmten Luft nach oben.
6	In der Höhe kühlt die Luft wieder ab. Hier verwandelt sich der Wasserdampf wieder zu winzigen Wassertropfen und bildet Wolken. Bei großer Kälte entstehen sogar Eisteilchen. Der Wind treibt die Wolken über den Himmel.
7	In den Wolken fliegen die Wassertröpfchen oder Eisteile hin und her. Sie stoßen aneinander, verbinden sich und werden immer schwerer.

4 Führe das Experiment durch.

Kreislauf des Wassers

Du brauchst:
- ein großes Glas mit Schraubdeckel
- zwei kleine Pflanzen
- eine kleine Schale mit Wasser
- kleine Steine
- Sand und Erde

Gehe so vor:
- Fülle nacheinander ein: Steine, Sand, Gartenerde.
- Pflanze die Pflanzen ein.
- Gieße die Erde etwas an.
- Stelle die Schale mit Wasser ins Glas.
- Schraube es zu und beobachte über längere Zeit.

Meine Beobachtungen: ______________________

____

____

Den Text über den Kreislauf des Wassers lesen, die Nummern in das Schaubild S. 10 einfügen, damit das Geschehen im Wasserkreislauf festigen; in einem Experiment nachweisen, dass in einem geschlossenem Gefäß auch ein Kreislauf des Wassers stattfindet

S. 8/9

Lebensraum Ozean

1 Vervollständige das Ozeanbild. Klebe die Fotos und Wörter ein.
Gestalte selbst die übrigen Bilder. Nutze dazu das Schülerbuch Seite 30/31.

2 Trage die Namen der Tiefenschichten des Ozeans in das Schaubild ein.

Das Dämmerlicht | Das Flachwasser | Die Tiefsee

Wissen um den Lebensraum Ozean vertiefen: Tiere den Tiefenschichten zuordnen und einkleben, fehlende Tiere malen, die Schichten mit den richtigen Begriffen beschriften …

S. 6/7

2 Stellt euch den neuen Kindern vor, zum Beispiel mit Steckbriefen.

Mein Steckbrief

Das bin ich.

Mein Name: ______________________

Mein Geburtstag: ______________________

Lieblingsfächer: ______________________

Lieblingsmusik: ______________________

Lieblingsbuch: ______________________

Lieblingstier: ______________________

Lieblingsessen: ______________________

Hobbys: ______________________

____

3 Schreibe Begrüßungsworte in verschiedenen Sprachen auf.

____

____

____

____

____

____

4 Wenn ich Jamil oder Samira wäre …
Was würde ich mir in meiner neuen Heimat wünschen?
Schreibe, klebe Bilder auf oder zeichne auf einem Blatt Papier.

Über sich selbst nachdenken, einen Steckbrief schreiben als Grundlage für Gespräche mit Kindern unterschiedlicher Herkunftsländer; unterschiedliche Sprachkenntnisse als Mittel der Verständigung nutzen; Einfühlungsvermögen stärken; über Formen des Zusammenlebens philosophieren

Der Himmelsraum

1 Lies die Fragen.
Ergänze die Antworten. Informiere dich im Schulbuch und im Internet.
Beschrifte die Zeichnungen.

1. Woraus besteht die Sonne und wie heiß ist sie?

Gaskugel | heiß | Wasserstoff

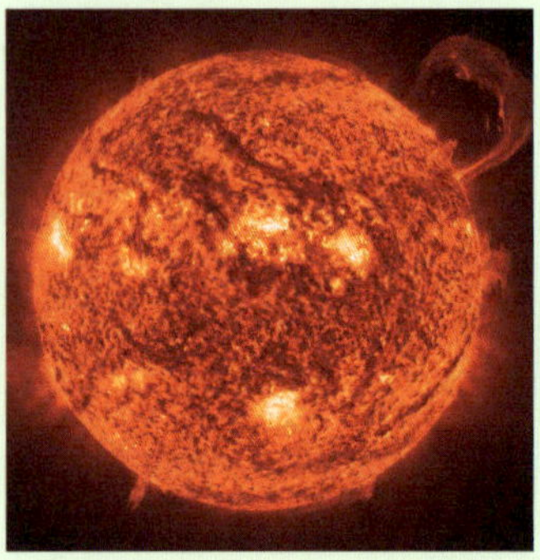

Die Sonne ist eine sich drehende ______________.
Sie besteht hauptsächlich aus den Gasen Helium und

______________. Im Innern ist die Sonne sehr,

sehr ______________, etwa 15 Millionen Grad Celsius.

2. Warum gibt es Tag und Nacht?

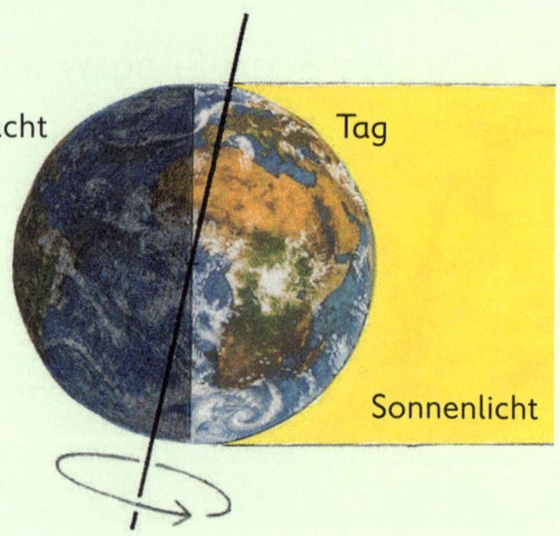

Die Erde dreht sich um die eigene Achse.
Auf der Seite der Erde, die von der Sonne

beschienen wird, ist es ______________.

Auf der Seite der Erde, die nicht von der Sonne

beschienen wird, ist es ______________.

3. Wie heißen die Mondphasen?

______________-mond

______________ Mond

______________-mond

______________ Mond

Zusammenhänge (Aufbau der Sonne, Entstehung von Tag und Nacht, Mondphasen) mithilfe von Bildern und Texten verstehen und vertiefen, entsprechende Texte ergänzen

S. 2/3, 8/9

2 Wie lange braucht die Erde, um die Sonne einmal zu umrunden?

Die Erde braucht etwa ________ Jahr oder __________ Tage.

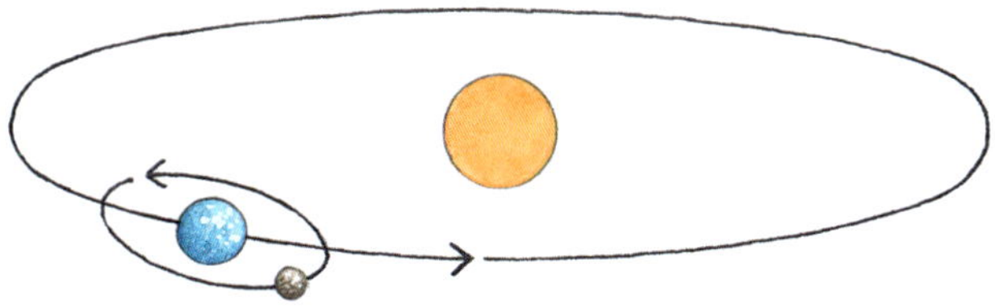

Die Erde ist ein Planet.
Planeten sind große kugelförmige Himmelskörper, die selbst nicht leuchten und die Sonne umkreisen.

3 Notiere die Namen der Planeten.

4 Sammle Informationen über einen Planeten, der dich besonders interessiert.
Male ihn im Bild von Aufgabe 3 aus.

Zeitraum der Erdbewegung um die Sonne notieren; Planeten des Sonnensystems benennen, Position der Erde im All erfassen; Informationen zu einem Planeten sammeln

S. 4/5, 6/7, 12/13

Boden ist wertvoll

1 Untersuche eine Bodenprobe genauer.
Kreuze an.

Welche Farbe hat dein Boden?			
dunkelbraun ☐	hellbraun ☐	grau ☐	gelblich ☐
Wie fühlt sich dein Boden an?			
hart ☐	weich ☐	rau ☐	klebrig ☐
feucht ☐	trocken ☐	pulvrig ☐	schmierig ☐
Kannst du aus deinem Boden eine Kugel formen?			
Ja ☐	Nein ☐		
Wie riecht dein Boden?			
holzig ☐	blumig ☐	stinkt übel ☐	verfault ☐

2 Lies die Beschreibungen zu den verschiedenen Böden.
Welchen Boden hast du in Aufgabe 1 untersucht?
Finde eine eigene Beschreibung.

Sandiger Lehm fühlt sich rau an, lässt sich formen und beschmutzt die Finger.

Sand fühlt sich rau an. Er lässt sich nicht formen. Die Finger bleiben sauber.

Humus fühlt sich pulvrig an, wenn er trocken ist. Nass ist er schmierig und speckig.

Lehm ist klebrig. Er lässt sich formen. Die Finger werden schmierig.

Mein Boden heißt ______________________.

Er ist ______________________

______________________.

Boden durch Fingerprobe bestimmen; Bodenproben untersuchen und Sinneserfahrungen mit Böden aus dem Schulgelände und der Umgebung sammeln

S. 16

3 Beobachtet Regenwürmer im Regenwurmwanderglas.

- Schichtet abwechselnd Erde und Sand in ein Glas und feuchtet den Boden mit der Sprühflasche gut an.
- Gebt einige Regenwürmer hinein. Bedeckt sie mit Laub- oder Salatblättern und Rasen.
- Befestigt ein Tuch über dem Glas.
- Stellt das Glas in einen Karton mit Luftlöchern. So sind die Würmer im Dunklen, wie im Boden.
- Haltet die Erde etwas feucht.
- Schreibt eure Beobachtungen auf.
- Bringt die Regenwürmer nach einer Woche wieder ins Freie.

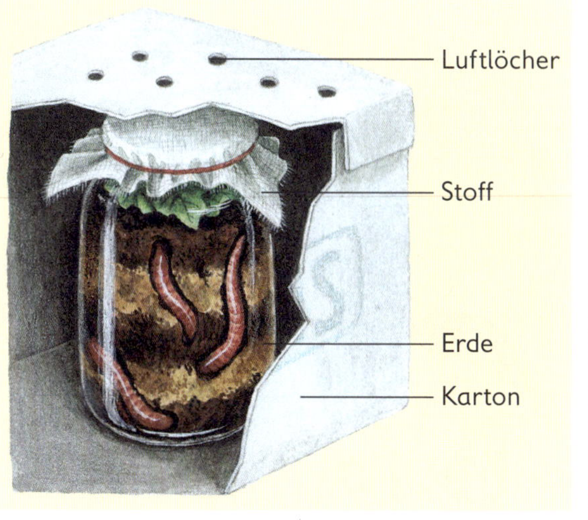

4 Beschrifte die Bodentiere. Du kannst Bilder zu den Namen im Internet finden.

Assel, Feldmaus, Maikäferlarve, Maulwurf, Milbe, Ohrwurm, Regenwurm, Saftkugler, Nacktschnecke, Springschwanz, Steinläufer

1 ______________________

2 ______________________

3 ______________________

4 ______________________

5 ______________________

6 ______________________

7 ______________________

8 ______________________

9 ______________________

10 ______________________

11 ______________________

So ein Herbstwetter

1 Beratet: **Wer** braucht Wettervorhersagen?
Warum brauchen diese Menschen die Vorhersagen?
Schreibe zwei Beispiele genauer auf.

2 Wo kannst du Wetterinformationen finden? Schreibe oder male.

Über die Bedeutung der Wettervorhersagen für den Menschen reflektieren, Beispiele für Personen finden, die Wettervorhersagen z. B. zur Berufsausübung brauchen, Begründungen dafür finden; Medien notieren oder malen, die uns über das Wetter informieren

3 Was möchtet ihr über den Ozean oder die Tiere und Pflanzen im Ozean wissen? Schreibt eure Fragen auf ein Blatt Papier und gestaltet eine Flaschenpost.

4 Löse die Quizfragen. Schreibe die Lösungsbuchstaben auf. Bilde aus ihnen das Lösungswort.

1. Pottwale gehören zu den Zahnwalen und fressen am liebsten 					
Algen.	D	Riesenkalmare.	E	Heringe.	F
2. Fliegende Fische können für kurze Zeit aus dem Wasser auftauchen und 					
auf dem Wasser schwimmen.	L	Fliegen fangen.	M	bis zu 100 m weit fliegen.	N
3. Das wenige Licht in der Tiefsee wird von den Lebewesen mit ihren Leuchtorganen erzeugt, um 					
ihre Beute anzulocken.	O	sich zu wärmen.	P	Tag und Nacht zu unterscheiden.	Q
4. Viele Fische im Dämmerlicht haben große Augen, damit 					
sie gut erkannt werden.	X	sich ihre Beute erschreckt.	Y	sie noch etwas im Dunkeln sehen.	Z
5. Die meisten Tiere und Pflanzen der Ozeane leben im Flachwasser bis 200 m Tiefe, weil 					
sie Sonnenlicht zum Leben brauchen.	A	es dort so schön bunt ist.	B	die Menschen sie dort besser sehen.	C

Meine Lösungsbuchstaben: ☐ ☐ ☐ ☐ ☐

Das Lösungswort: ______________________________

Sie leben am und im Gewässer

1 Wie heißen die Pflanzen und Tiere?
Schreibe ihre Namen auf.

1

2

3

4

5

6
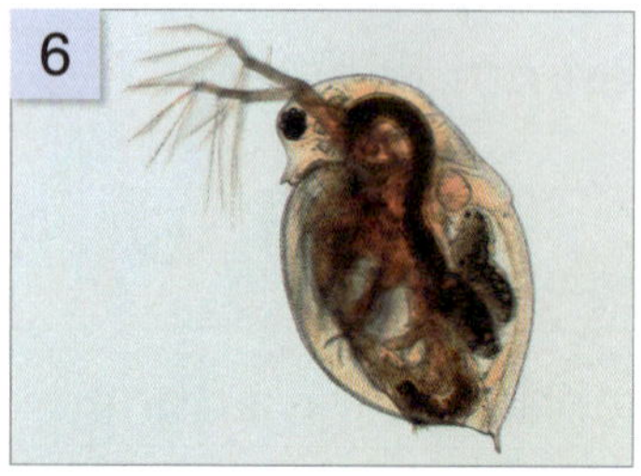
7

8

9

1	P	O	S	T	H	O	R	N	S	C	H					
2	S	U	M			D		T	T			B	L			
3	G	R			R			H								
4		E	C													
5		O	H		S	Ä										
6	W		S		E		F	L	O							
7		A	S	S			P									
8	S	C	H	W	E	B	F	L								
9	H			B			T			C	H	E	R			

Pflanzen und Tiere im Lebensraum Gewässer (hier See) kennenlernen; Artenkenntnisse vertiefen, Tiergruppen (Vogel, Fisch, Kleinkrebs, Insekt, Schnecke) benennen

S. 4/5

2 Schneide die Bilder von Seite 55 aus und klebe sie ein.

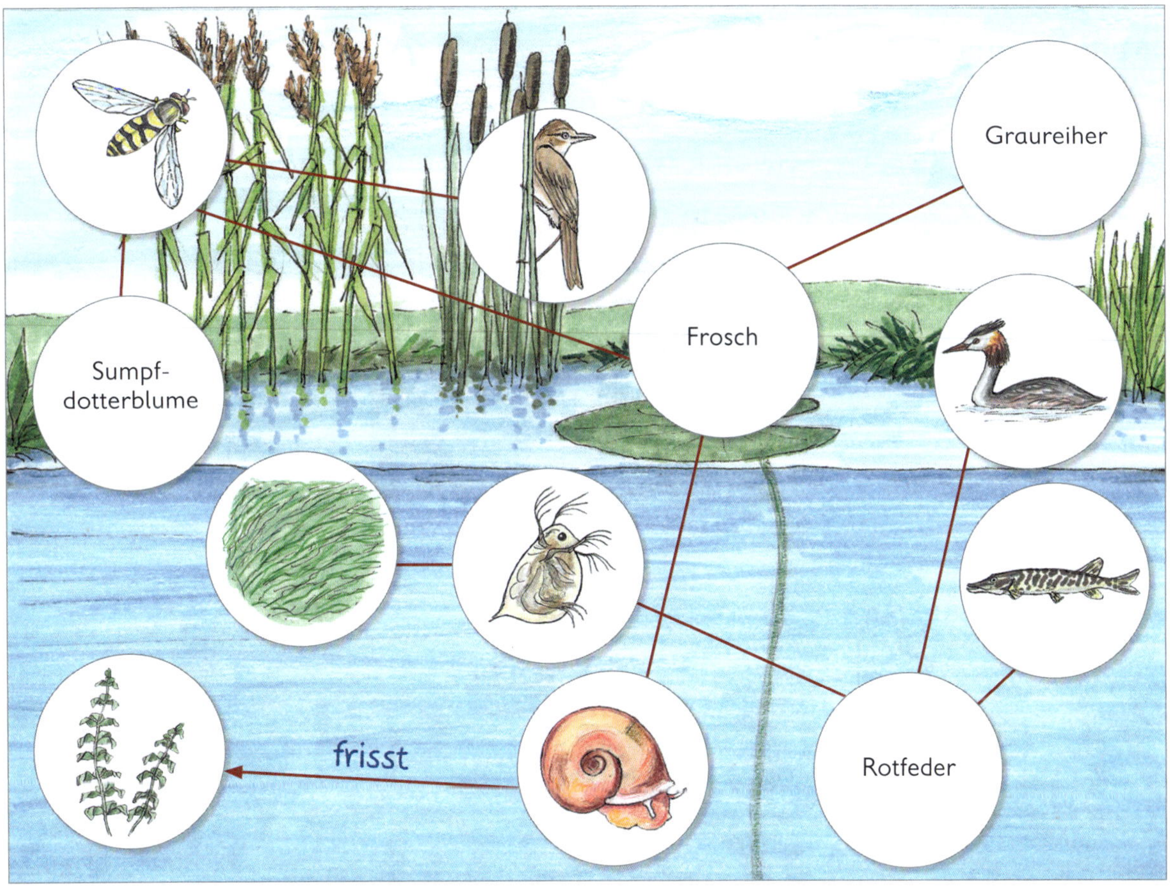

3 Wer frisst wen?
Ergänze die Pfeile im abgebildeten Nahrungsnetz.

4 Vervollständige den Text:

Lebensgemeinschaft | Lebewesen | Nahrungsnetze | Tieren

____________________ ernähren sich von verschiedenen Pflanzen

und/oder von anderen ____________________. Sie sind voneinander abhängig

und bilden eine ____.

Verbindungen der Lebewesen über die Nahrung werden als

____ bezeichnet.

Pflanzen und Tiere im Lebensraum Gewässer (hier See) kennenlernen; Artenkenntnisse vertiefen; Zusammenhänge in der Ernährung erkennen und in Ansätzen ein Nahrungsnetz verstehen

S. 6/7, 8/9

Lebensräume entdecken

1 Schreibe die Namen der Tiere und Lebensräume unter die Bilder. Die Silben helfen dir dabei.

bär – Eis – Eis – ga – Lö – ne – Sa – Tai – te – van – we – Wolf – wüs

2 Wo sind die Tiere zu Hause? Bringe sie in ihren richtigen Lebensraum. Verwende für die Wege drei verschiedene Farben.

Wissen um globale Lebensräume erweitern und vertiefen: Tiere und ihre Lebensräume beschriften, Tiere mithilfe eines Labyrinths ihren Lebensräumen zuordnen …

S. 16

3 Lies die Sätze.
Ergänze sie mit den Wörtern.

Asien | Baumriesen | dunkel | feucht | grün | Kronendach | Lebensräume | Lianen

Regenwälder

Regenwälder gibt es in Südamerika, Afrika und ______________ .

In ihnen ist es das ganze Jahr über sehr warm und ______________ .

Jahreszeiten gibt es dort nicht, deshalb sind die Bäume das ganze Jahr über ______________ . Wegen der vielen Pflanzen ist es am Boden der Wälder ziemlich ______________ . Um an Licht zu kommen, klettern ______________ an anderen Pflanzen in die Höhe, zum Beispiel an den ______________ , die bis zu 70 Meter hoch werden können.

Sie ragen aus dem ______________ der anderen Bäume heraus.

Regenwälder sind ______________ für viele verschiedene Tiere.

4 Wähle aus dem Schülerbuch Seite 39–43 eine Pflanze oder ein Tier aus. Schreibe so einen Steckbrief.

Pflanzensteckbrief

Name: ______________

Verbreitungsgebiet: ______________

Lebensraum: ______________

Aussehen: ______________

Besonderheiten: ______________

Tiersteckbrief

Name: ______________

Verbreitungsgebiet: ______________

Lebensraum: ______________

Aussehen: ______________

Nahrung: ______________

Fortpflanzung: ______________

Besonderheiten: ______________

… einen Lückentext zum Regenwald lesen und ergänzen, eine Pflanze oder ein Tier aus einem der globalen Lebensräume auswählen und einen Steckbrief anlegen

S. 2/3, 4/5, 8/9

Im Lebensraum Mischwald

1 Setze die Nummern an die Tiernamen.

- ☐ Waldeidechse
- ☐ Buntspecht
- ☐ Eichhörnchen
- ☐ Schnirkelschnecke
- ☐ Waldkauz
- ☐ Eichelhäher
- ☐ Waldameise
- ☐ Tagpfauenauge
- ☐ Springschwanz
- ☐ Rötelmaus
- ☐ Blindschleiche
- ☐ Wildschwein
- ☐ Rotfuchs
- ☐ Kreuzspinne
- ☐ Reh

2 Welche dieser Tiere können fliegen? Unterstreiche ihre Namen.

Tiere im Lebensraum Wald (hier Mischwald) kennenlernen; Artenkenntnisse vertiefen; zu Naturbeobachtungen und zum Schreiben von Steckbriefen zu Waldtieren anregen

S. 6/7

3 Tiere und Pflanzen sind ihren Lebensräumen angepasst.
Lies die Texte und klebe die passenden Bilder ein.
Unterstreiche die Schlüsselwörter, die auf die Anpassung hinweisen.

Seite 55

Der Buntsprecht hat einen langen Meißelschnabel. Damit kann er seine Nisthöhle ins harte Holz zimmern und Insektenlarven unter der Baumrinde finden.

Springschwänze, die tief im Boden leben, sehen anders aus als auf dem Boden lebende Tiere. Sie sind weiß und ihre Augen sind verkümmert. Sie haben keine Flügel.

Seite 55

Seite 55

Damit die Rotbuche vor der heißen Sonne geschützt ist, aber gleichzeitig genug Sonnenlicht einfängt, hat sie verschiedene Blätter: Kleine, dicke Sonnenblätter außen und größere, dünnere Schattenblätter im Inneren der Krone.

4 Waldpflanzen wenden mit Hilfe von Tieren „Tricks“ an, um sich zu verbreiten.

Betrachte die Bilder. Schreibe zu den „Helfern“ und dem „Trick“ eine Geschichte auf ein Blatt Papier. Wenn du nicht weiterweißt, nutze das Internet, indem du zu jedem Bild Suchwörter findest.

Angepasstheit von Pflanzen und Tieren an den Lebensraum Wald an Beispielen kennenlernen;
Verbreitung von Waldpflanzen durch die Tiere in der Lebensgemeinschaft Wald erkennen

S. 2/3, 8/9

Pubertät – was ist das eigentlich?

1 In der Pubertät verändern sich Mädchen und Jungen körperlich.
Setze die passenden Wörter ein.

Stimme | Jungen | Penis | Mädchen

Achseln | Brüste | Haare | Samenzellen

_______________ und _______________ werden größer.

Unter den _______________ und im Schambereich wachsen bei Jungen und

Mädchen _______________. Bei den Mädchen werden die _______________ größer.

Sie bekommen ihre „Tage“. Bei den Jungen wird der _______________ größer.

Im Hoden werden _______________ gebildet.

Auch die _______________ wird tiefer.

2 Betrachte die Bilder und lies die Texte. Bearbeite die Aufgabe.

Muss das sein?

Mädchen und Jungen
können auch nett miteinander umgehen.
Meine Wörter und Sätze dazu:

Einen Lückentext ausfüllen und dabei die körperlichen Veränderungen in der Pubertät benennen; am Beispiel gefühlsmäßige Veränderungen wahrnehmen und zum Umgang von Mädchen und Jungen Aussagen formulieren, diese diskutieren

S. 8/9

3 Was hat sich verändert? Schreibe, male oder klebe Fotos ein.

Woran erinnere ich mich gerne?

Worauf bin ich stolz?

Was ist doof gelaufen?

Worüber bin ich traurig oder wütend?

Das war ich:	Das bin ich heute:

4 Was wird noch kommen? Schreibe oder male etwas zu deiner Zukunft.

Wie werde ich mal aussehen?

Was werde ich tun?

Worauf freue ich mich?

Durch Texte, Zeichnungen oder Fotos die eigenen Veränderungen im Verlaufe der Zeit (Vergangenheit – Gegenwart) darlegen; sich Gedanken über die eigene Zukunft machen

S. 16

Unser Lernspiel zu den Kontinenten

1 Spielt das Würfelspiel.

SPIELANLEITUNG

Ihr braucht:
Spielfiguren und einen Würfel.

Spielablauf:
- Stellt eure Figuren auf das Startfeld.
- Das jüngste Kind darf zuerst würfeln.
- Wer auf ein orangenes Feld mit einer Ziffer kommt, beantwortet die entsprechende Frage.
- Wer die Frage richtig beantwortet, darf noch einmal würfeln.
- Wer zuerst das Ziel erreicht, hat gewonnen.

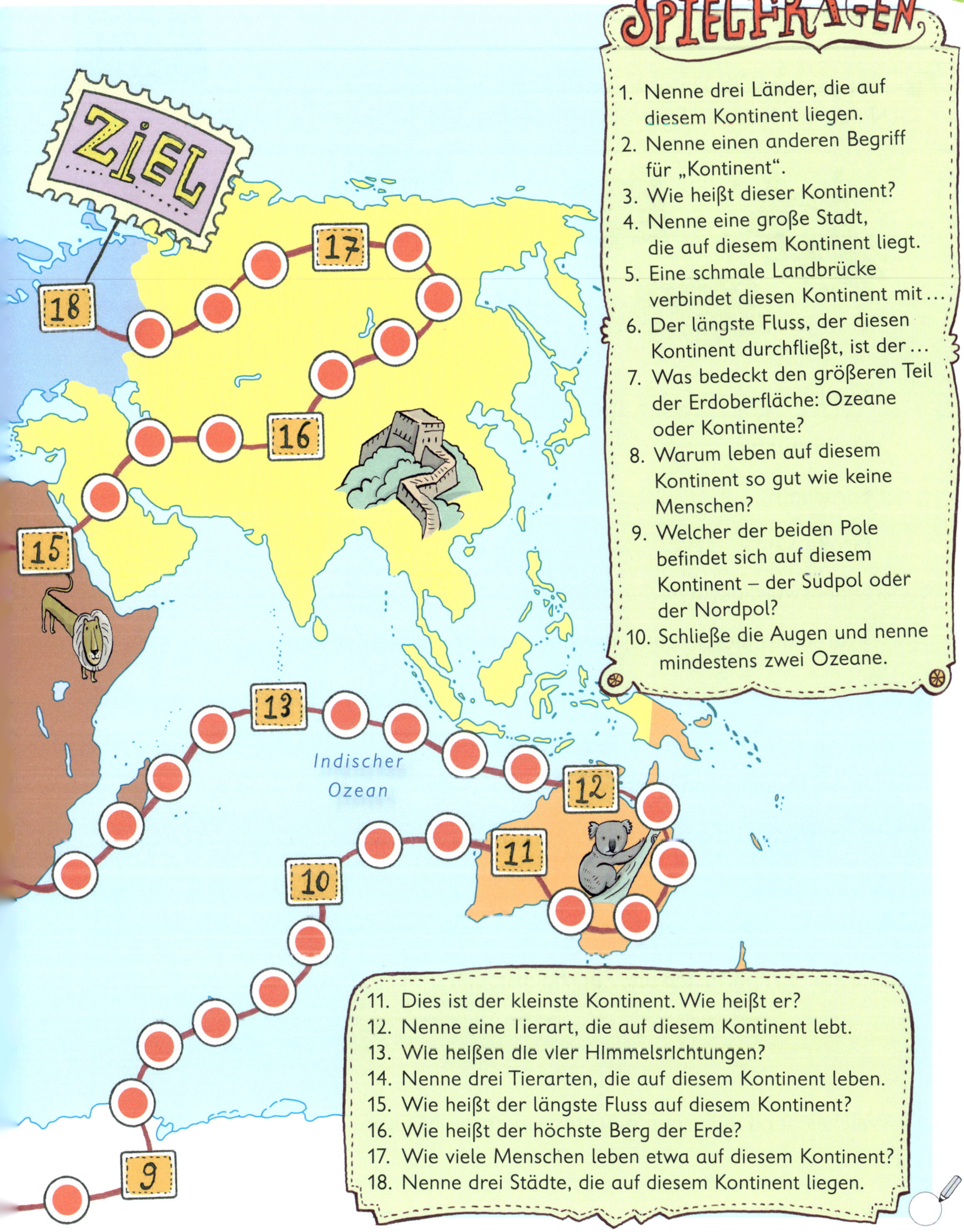

SPIELFRAGEN

1. Nenne drei Länder, die auf diesem Kontinent liegen.
2. Nenne einen anderen Begriff für „Kontinent“.
3. Wie heißt dieser Kontinent?
4. Nenne eine große Stadt, die auf diesem Kontinent liegt.
5. Eine schmale Landbrücke verbindet diesen Kontinent mit …
6. Der längste Fluss, der diesen Kontinent durchfließt, ist der …
7. Was bedeckt den größeren Teil der Erdoberfläche: Ozeane oder Kontinente?
8. Warum leben auf diesem Kontinent so gut wie keine Menschen?
9. Welcher der beiden Pole befindet sich auf diesem Kontinent – der Südpol oder der Nordpol?
10. Schließe die Augen und nenne mindestens zwei Ozeane.

11. Dies ist der kleinste Kontinent. Wie heißt er?
12. Nenne eine Tierart, die auf diesem Kontinent lebt.
13. Wie heißen die vier Himmelsrichtungen?
14. Nenne drei Tierarten, die auf diesem Kontinent leben.
15. Wie heißt der längste Fluss auf diesem Kontinent?
16. Wie heißt der höchste Berg der Erde?
17. Wie viele Menschen leben etwa auf diesem Kontinent?
18. Nenne drei Städte, die auf diesem Kontinent liegen.

S. 16

Länder in Europa

1 Fertige einen Steckbrief zu einem Land in Europa an.
Nutze das Internet. Sprecht über die abgebildeten Sehenswürdigkeiten.

Land: ______________________________

Hauptstadt: ______________________________

Sprache(n): ______________ Einwohnerzahl: ______________

Große Städte: ______________________________

Sehenswürdigkeiten: ______________________________

Waren aus diesem Land, die man auch bei uns kaufen kann:

____

____

Feste, Bräuche und Speisen:

____

____

____

Bekannte Sportarten und Sportklubs: ______________________________

____

2 Welches Land in Europa möchtest du gerne besuchen?

____

Einen Steckbrief zu einem ausgewählten Land in Europa anfertigen, über Sehenswürdigkeiten in Europa sprechen; ein Land in Europa nennen, das man gerne besuchen würde

S. 2/3

3 Arbeite mit der Karte:

- Markiere die Staatsgrenze der Bundesrepublik Deutschland.
- Beschrifte alle Bundesländer Deutschlands.
- Markiere die Landesgrenze Brandenburgs. Orientiere dich an der Legende.

4 Beschrifte alle Nachbarstaaten Deutschlands. Kennzeichne ihre Grenzen.

Übersichtskarte des Landes

1 Löse die Aufgaben mit einem Partnerkind.

Findet auf der Karte
- die Landesgrenze des Bundeslandes Brandenburg.
- die Hauptstadt Potsdam.
- Städte mit mehr als 100 000 Einwohnern.
- den Flussverlauf der Havel durch Brandenburg.

Stellt euch selbst noch weitere Aufgaben.

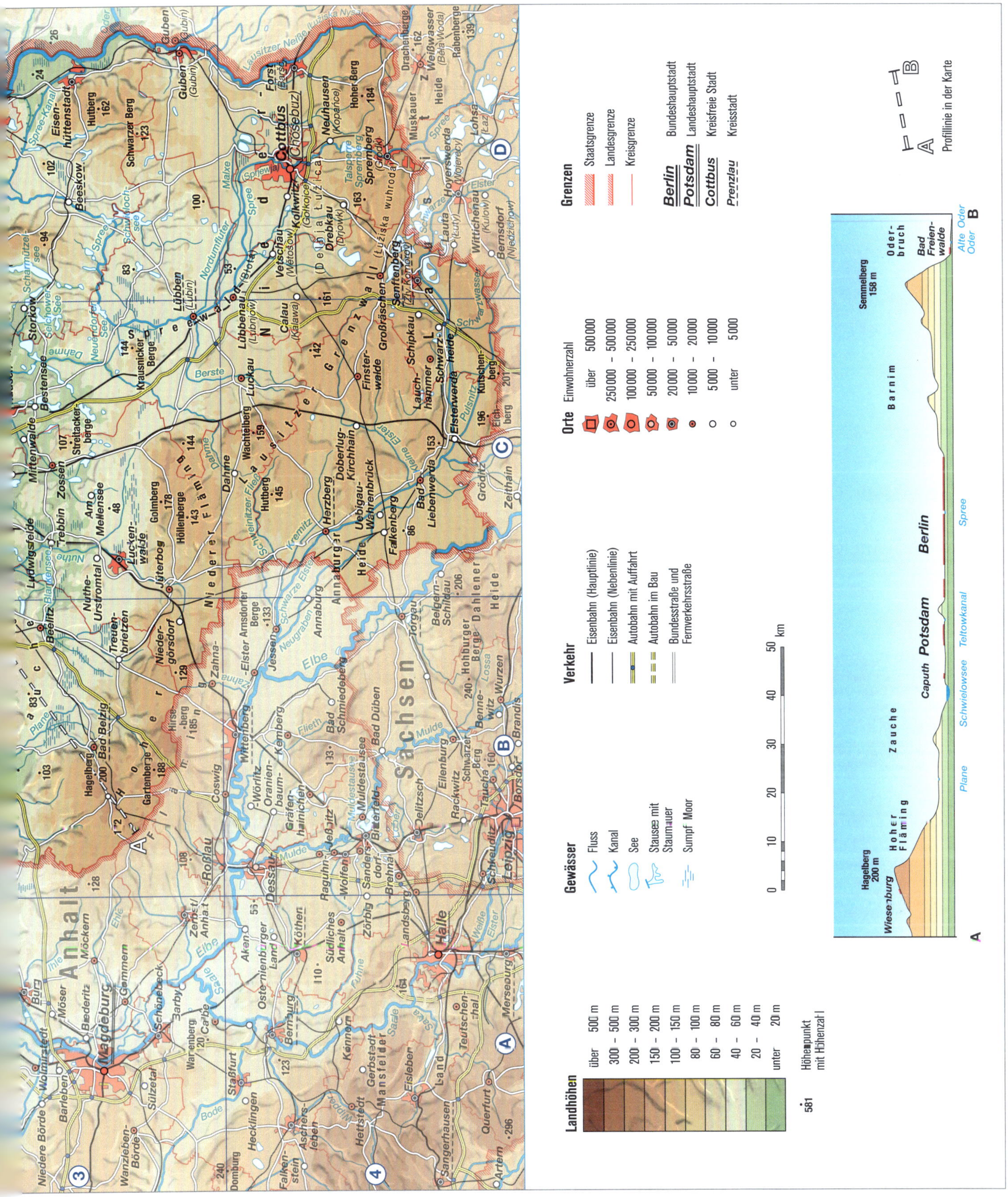
Landhöhen
über 500 m
300 - 500 m
200 - 300 m
150 - 200 m
100 - 150 m
80 - 100 m
60 - 80 m
40 - 60 m
20 - 40 m
unter 20 m
581 Höhenpunkt mit Höhenzahl
Gewässer
Fluss
Kanal
See
Stausee mit Staumauer
Sumpf Moor
Verkehr
Eisenbahn (Hauptlinie)
Eisenbahn (Nebenlinie)
Autobahn mit Auffahrt
Autobahn im Bau
Bundesstraße und Fernverkehrsstraße
0 10 20 30 40 50 km
Orte Einwohnerzahl
über 500 000
250 000 - 500 000
100 000 - 250 000
50 000 - 100 000
20 000 - 50 000
10 000 - 20 000
5000 - 10 000
unter 5000
Grenzen
Staatsgrenze
Landesgrenze
Kreisgrenze
Berlin Bundeshauptstadt
Potsdam Landeshauptstadt
Cottbus Kreisfreie Stadt
Prenzlau Kreisstadt
A B Profillinie in der Karte
Hagelberg 200 m
Wiesenburg
Hoher Fläming
Zauche
Caputh
Potsdam
Berlin
Barnim
Semmelberg 158 m
Oder-bruch
Bad Freienwalde
Plane
Schwielowsee
Teltowkanal
Spree
Alte Oder
Oder
A
B
Sachsen
Anhalt
Magdeburg
Halle
Leipzig
Dessau
Cottbus (Chóśebuz)
Guben (Gubin)
Lübben (Lubin)
Eisenhüttenstadt
Beeskow
Storkow
Luckenwalde
Jüterbog
Bad Belzig
Wittenberg
Herzberg
Finsterwalde
Senftenberg
Spremberg
Forst (Baršć)

Auf der Karte des Landes entdeckt

1 Nutze die Karte auf den Seiten 26 und 27.
Schreibe hier Planquadrate, Orte und Gewässer auf.

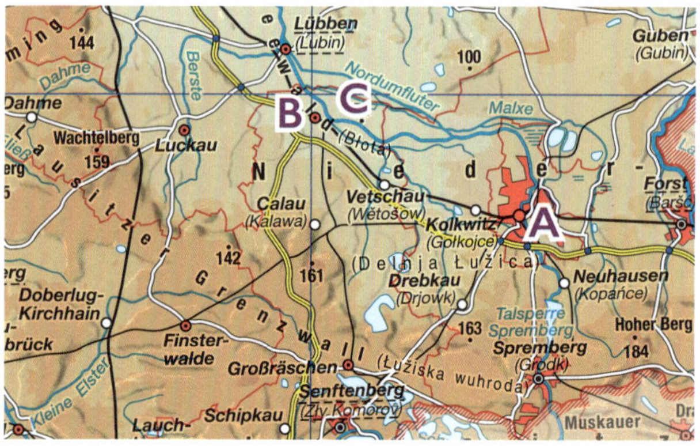

Ort **A**: ______

Ort **B**: ______

Gewässer **C**: ______

Ich entdecke noch: ______

______

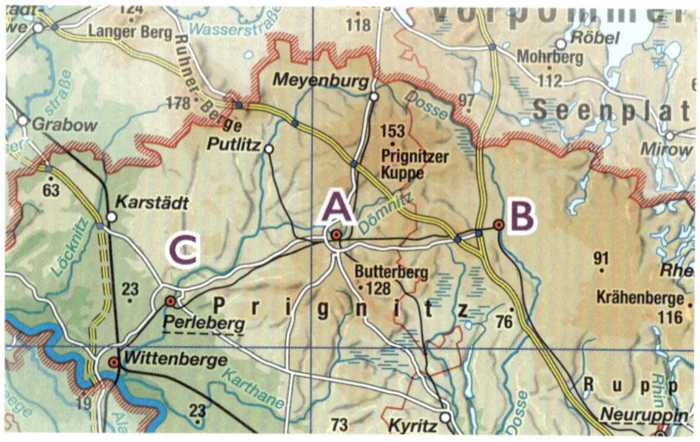

Ort **A**: ______

Ort **B**: ______

Gewässer **C**: ______

Ich entdecke noch: ______

______

Ort **A**: ______

Ort **B**: ______

Gewässer **C**: ______

Ich entdecke noch: ______

______

Ort **A**: ______

Ort **B**: ______

Gewässer **C**: ______

Ich entdecke noch: ______

______

Kartenausschnitte aus der Übersichtskarte des Landes finden, lesen und ihnen Informationen entnehmen; Beschreibungen vergleichen

2 Umfahre die Landesgrenze auf der Karte mit der Farbe aus der Legende.

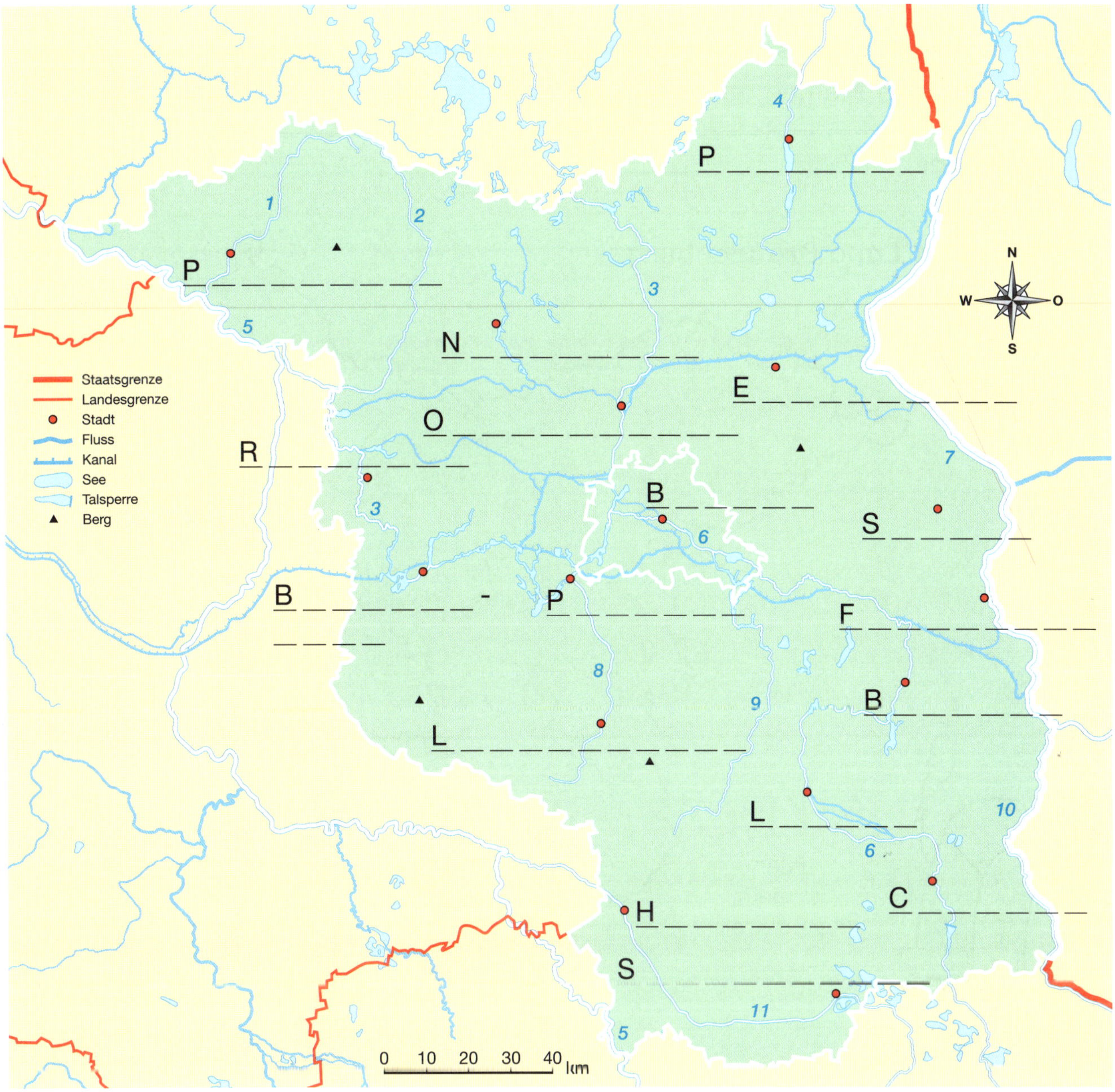

3 Trage die Namen der Städte in der oberen Karte ein.
Unterstreiche die Landeshauptstadt.
Markiere auch deinen Wohnort in der Karte.

4 Zeichne die Flüsse in der Karte nach. Trage dann ihre Nummern hier ein.

☐ Dahme	☐ Nuthe	☐ Dosse	☐ Neiße
☐ Stepenitz	☐ Havel	☐ Elbe	☐ Oder
☐ Mecker	☐ Schwarze Elster	☐ Spree	

Die Lage von Städten und Gewässern kennenlernen und in die Landeskarte eintragen; Karte zur Festigung und Wiederholung nutzen

S. 10/11

Unser Heimatkreis

1 Male deinen Kreis oder deine kreisfreie Stadt farbig aus.
Schreibe den Namen auf.

Ich wohne ____ .

Kreise im Land Brandenburg

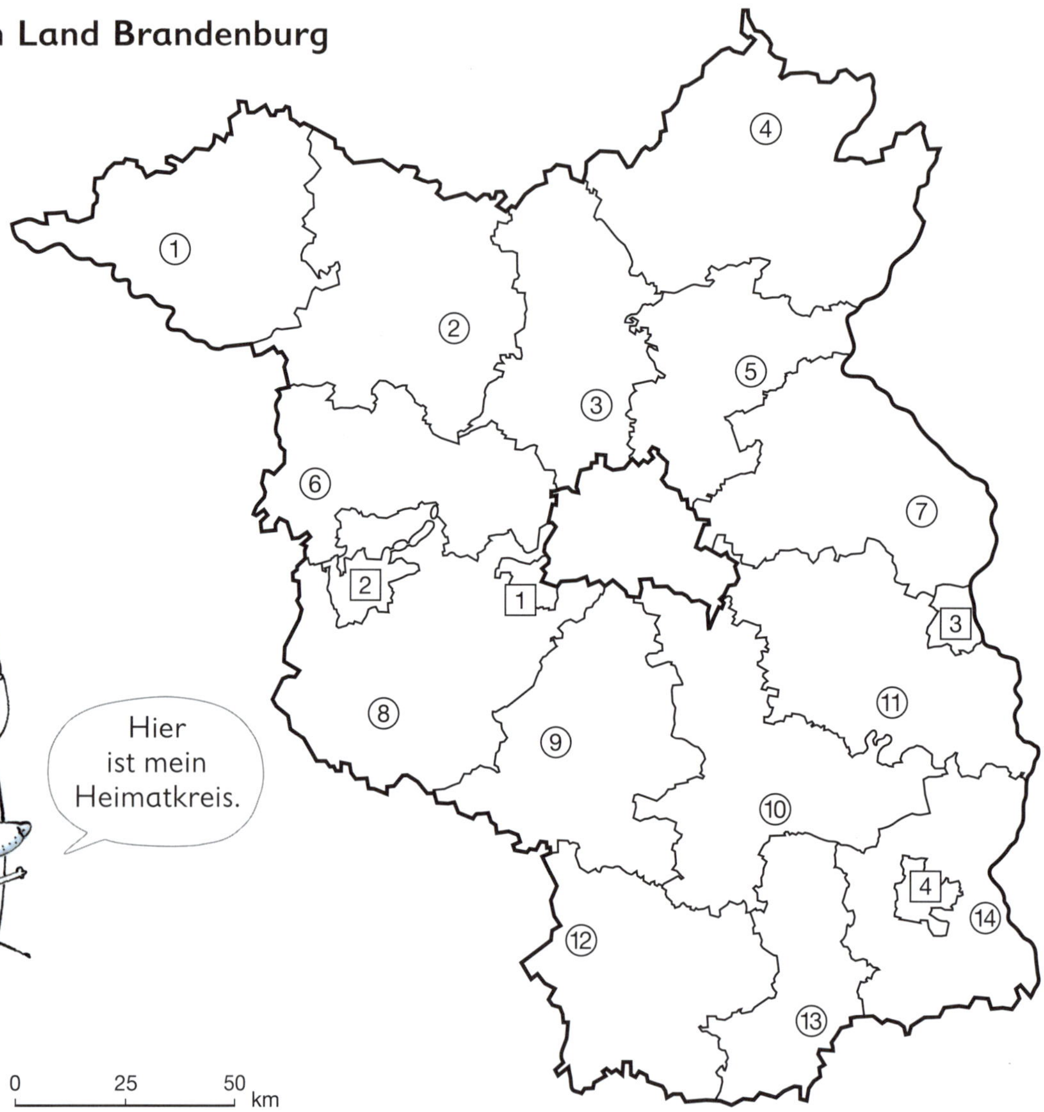

1 Potsdam	(1) Prignitz	(8) Potsdam-Mittelmark
2 Brandenburg	(2) Ostprignitz-Ruppin	(9) Teltow-Fläming
3 Frankfurt (Oder)	(3) Oberhavel	(10) Dahme-Spreewald
4 Cottbus	(4) Uckermark	(11) Oder-Spree
	(5) Barnim	(12) Elbe-Elster
	(6) Havelland	(13) Oberspreewald-Lausitz
	(7) Märkisch-Oderland	(14) Spree-Neiße

S. 10/11

In der Landeskarte den eigenen Heimatkreis bzw. die kreisfreie Stadt finden, benennen und farbig ausmalen

2 Miss aus: Welche Ausdehnung hat dein Heimatkreis oder der Kreis, der die kreisfreie Stadt umgibt?

Von Nord nach Süd beträgt die Entfernung ______________ Kilometer.

Von West nach Ost beträgt die Entfernung ______________ Kilometer.

3 Schreibe, male, klebe Bilder auf.

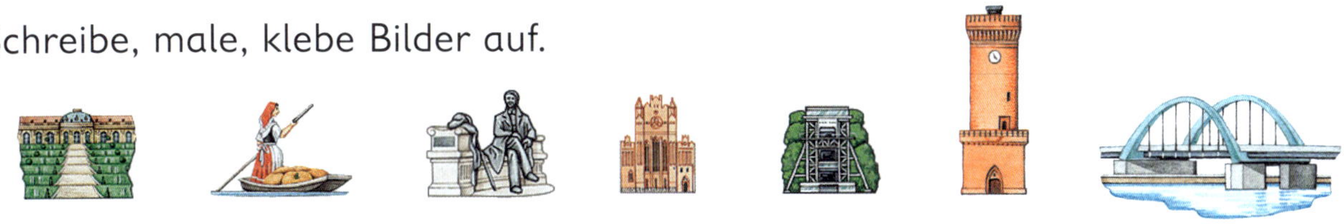

Interessantes in meinem Heimatkreis

4 Du bekommst Besuch. Was möchtest du deinem Besuch in deinem Heimatkreis zeigen? Bereite dich darauf als Reiseleiter vor.

____

____

____

Die Ausdehnung des Heimatkreises ausmessen, dabei die Papierstreifenmethode anwenden; Interessantes, z. B. Sehenswürdigkeiten des Heimatkreises/der kreisfreien Stadt aufschreiben, malen oder Bilder einkleben; sich als Reiseleiter auf Besuch vorbereiten

S. 14/15, 16

Unser Land im Überblick

1 Klebe die Bilder von Seite 55 ein.
Wie heißt die Stadt, in der diese Sehenswürdigkeiten stehen?

____

Seite 55	Seite 55	Seite 55	Seite 55
Schloss Sanssouci	Ehemaliges Stadtschloss/ Landtag Brandenburg	Brandenburger Tor	St. Nikolaikirche

2 Male das Wappen und die Flagge von Brandenburg in den Landesfarben aus.

3 Schreibe für Brandenburg auf:

A längster Fluss:

____

B größter See:

____

C höchster Berg:

____

D angrenzender Staat:

____

E Stadt mit den meisten Einwohnern:

____

F Bundesland in Brandenburg:

____

Ausgewählte Kenntnisse über Brandenburg festigen; Bilder zu Sehenswürdigkeiten der Stadt Potsdam einkleben; Fahne und Wappen gestalten; geografische Besonderheiten des Landes notieren

4 Schreibe zuerst Stichpunkte auf, die das Typische der Landschaft beschreiben. Beantworte dann die Frage. Wähle zuletzt eine der Aktionen aus.

Spreewald

____

____

Im Spreewald wird überwiegend Gemüse angebaut. Welche Spreewaldkonserven findest du im Supermarkt?

____

Im Spreewald lebt auch das Volk der Sorben. Gestalte ein Plakat zu den Trachten und Bräuchen.

Fläming

____

____

Welche sind die beiden höchsten Erhebungen im Fläming?

1. Name: ______________________________

Höhe: ______________________________

2. Name: ______________________________

Höhe: ______________________________

Im Fläming gibt es zwei berühmte Burgen und ein Schloss. Sammle Informationen für einen Vortrag.

Oderbruch

____

____

Die Grenze zu welchem Bundesland überbrückt der Nationalpark „Unteres Odertal“?

____

Gestalte ein Werbeprospekt zum Nationalpark „Unteres Odertal“.

Unsere Landeshauptstadt Potsdam

Ein Stadtplan ist oft in Quadrate eingeteilt. Die Quadrate nennt man Planquadrate. Waagerecht → stehen große Buchstaben. Senkrecht ↑ stehen Zahlen. Du kannst die Lage der Gebäude und Einrichtungen durch die Buchstaben und Zahlen genau beschreiben oder schnell finden. Du kannst auch mehrere Quadrate angeben.

1 Arbeite mit dem Stadtplan von Potsdam.

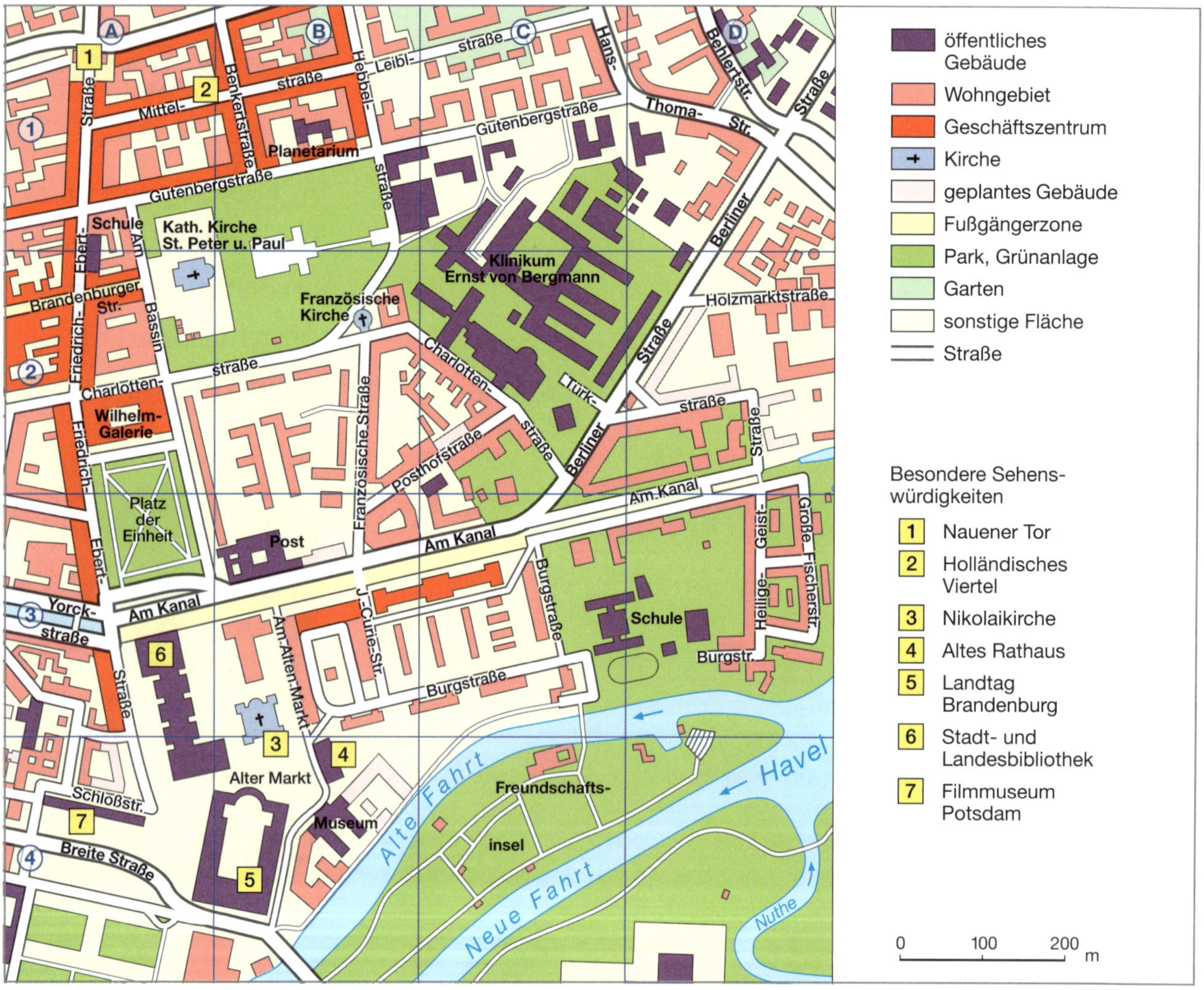

Das Nauener Tor liegt im Planquadrat: A1

Die Freundschaftsinsel liegt im Planquadrat:

Die Holzmarktstraße liegt im Planquadrat:

Der Alte Markt liegt im Planquadrat:

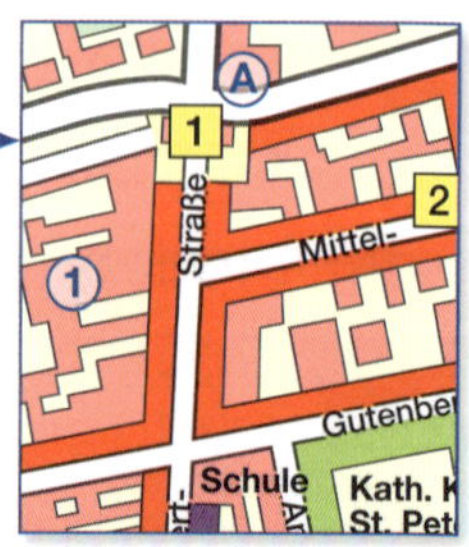

Den Text über die Bedeutung von Planquadraten in Karten lesen und verstehen;
Ortslagen im Stadtplan von Potsdam mit Hilfe von Planquadraten finden

S. 6/7, 8/9

2 Zeichne das Planquadrat B2 ab.

3 Finde auf dem Stadtplan das Gebäude des Landtages. Notiere:

Art des Gebäudes: ______________________

Planquadrat auf dem Stadtplan: ______________________

Sehenswürdigkeiten in der Nähe: ______________________

____

Angrenzende Straßen: ______________________

____

4 Ergänze den Lückentext:

Hauptstadt | Landtag | Landesregierung | Markt | Stadtschloss

Potsdam ist als ______________________ Sitz der ______________________ und des Ministerpräsidenten. Der ______________________ tagt im ehemaligen ______________________ am Alten ______________________.

Die Arbeit mit Planquadraten anhand des Potsdamer Stadtplans vertiefen;
Lückentext über Potsdam als Landeshauptstadt ausfüllen

Umrisskarte des Landes Brandenburg

1 Erstelle eine einfache thematische Karte.
Du kannst verschiedene Themen auswählen, zum Beispiel:
- Sehenswürdigkeiten
- Gewässer – Seen, Flüsse und Kanäle
- Straßenkarte

Umrisskarte mit selbst gewähltem Thema und selbst entworfenen Legendenzeichen gestalten, Hinweise zur Gestaltung nutzen; Karten in der Klasse besprechen

Staatsgrenze
Landesgrenze
Kreisgrenze
Fluss
Kanal
See
Talsperre

Meine Legende:

Bedenke:

- Welches Thema wähle ich?
- Finde ich genügend Informationen für die Karte, zum Beispiel im Internet, im Atlas, im Schulbuch …?
- Welche Legendenzeichen nutze ich?
- Soll die Karte einfarbig oder mehrfarbig sein?

Umrisskarte mit selbst gewähltem Thema und selbst entworfenen Legendenzeichen gestalten, Hinweise zur Gestaltung nutzen; Karten in der Klasse besprechen

S. 2/3, 10/11

Was ich über Brandenburg weiß

1 Markiere die Lösungsbuchstaben. Schreibe sie in die Kästchen.
Sie ergänzen folgenden Satz:

	1	2	3	4	5	6	7	8	9	
Schlage nach im										.

1 Landesflagge von Brandenburg	A 	S 	C 
2 größter See im Land	B 	D 	C 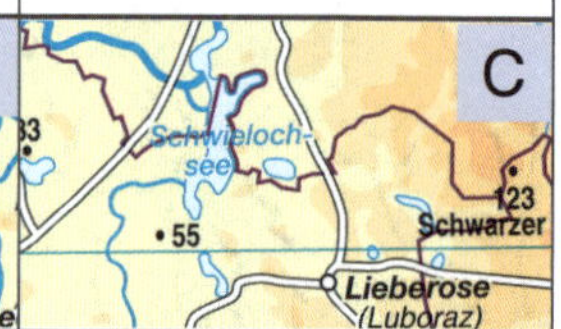
3 Sommerschloss von Friedrich dem Großen	H  Sanssouci	F  Rheinsberg	E  Branitz
4 bekanntes Spreewaldprodukt	K  Würstchen	B  Baumkuchen	U  saure Gurken
5 häufigste Baumart in Brandenburg	L  Kiefer	A  Pappel	S  Birke
6 Fluss als Landesgrenze zu Polen	T Dosse	B Oder	N Spree
7 bekanntes Bauwerk in Branitz	U  Wasserpyramide	P  Zwinger	E Völker-schlacht-denkmal 
8 berühmter Schriftsteller aus Brandenburg	F Ritter Kalbutz	U Hans Georg von Ribbeck	C Theodor Fontane
9 beliebte Rollbahn im Land	N  Malerweg	H  Flaeming-Skate	W  Rennsteig

Der Landkarte, dem Atlas und dem Schulbuch Informationen entnehmen; Kenntnisse hier anwenden, das Quiz lösen und ein Lösungswort finden

S. 14/15, 16

2 Trage die Gewässer von Seite 29, Aufgabe 4 mit den Nummern in die Karte ein.

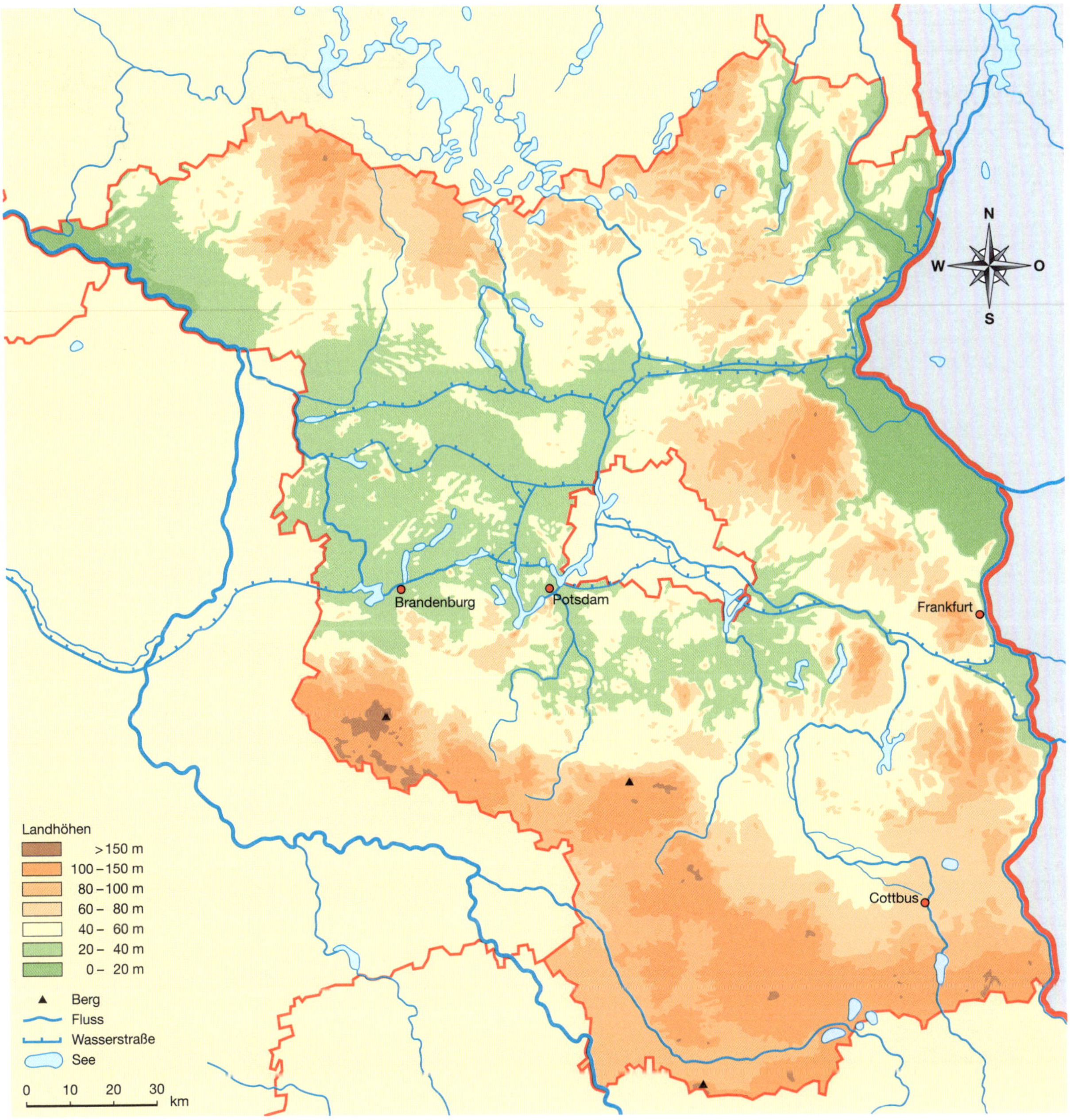

3 Kreuze an. Das ist richtig ☒ Das ist falsch ☒

		richtig	falsch
1	Die Uckermark liegt im Südwesten unseres Landes.	☐	☐
2	Die Schorfheide ist das größte Waldgebiet.	☐	☐
3	Die Havel fließt durch Potsdam.	☐	☐
4	Brandenburg liegt an der Spree.	☐	☐
5	Die höchste Erhebung in unserem Land ist der Hutberg.	☐	☐

4 Schreibe die Nummern der richtigen Antworten in die Karte oben.

Mit der Karte arbeiten; Fragen zum Land beantworten und ausgewählte Landschaften und Gewässer in die Landeskarte eintragen

S. 10/11

Unser Rathaus

1 Sammle Informationen über die Arbeit der Ämter im Rathaus.
Du kannst schreiben, kleben oder malen.

Bauamt genehmigt neue Turnhalle

Mein Papa hat gesagt: „Wir haben die Hundesteuer für dieses Jahr bezahlt."

2 Ergänze die Angaben zu deinem Ort.

Einwohner

In unserer Gemeinde leben ______________ Einwohner.

Rathaus/Gemeindebüro

Adresse: ______________________________

Öffnungszeiten: ______________________________

Die Bürgermeisterin/der Bürgermeister

Name: ______________________________

Im Amt seit: ______________________________

Informationen über die Arbeit der Ämter im Rathaus sowie Neuigkeiten im Rathaus finden; Angaben zum Ort ergänzen

S. 2/3

3 Wähle ein Amt des Rathauses von den Seiten 82/83 im Schülerbuch aus. Beschreibe die Arbeit des Amtes mit eigenen Worten.

____

____

____

____

____

____

In manchen Städten, wie Cottbus oder Forst, gibt es Kinderkonferenzen. Dort beraten Kinder und Jugendliche gemeinsam mit Vertretern der Stadt, der Politik und Wirtschaft, wie sie in der Stadt mitwirken können. In vielen verschiedenen Workshops bringen sie ihre Ideen ein und überlegen, wie sie die Vorschläge umsetzen können.

4 Wählt einen Workshop aus.
Notiert eure Ideen. Schreibt Stichpunkte.

Thema des Workshops: ______________________________

Unsere Ideen: ______________________________

____

____

____

____

Ein Amt des Rathauses genauer betrachten und dessen Aufgaben beschreiben; in Hinblick auf das Mitwirken im Ort einen Workshop auswählen und Ideen sammeln, über Kinderkonferenzen sprechen

S. 16

Unser Wasserverbrauch

1 Zähne putzen, Blumen gießen,
Nudeln kochen, Boden wischen …

Wofür und wie oft wird bei dir zu Hause Wasser verbraucht?
Beobachte deine Familie einen Samstag **oder** Sonntag lang und führe Protokoll.

Wofür wird Wasser gebraucht?	Wie oft wird dafür Wasser gebraucht?	Wurde das Wasser verschmutzt?
Zähne putzen	III III III III	X

2 Oft wird das Wasser durch den Gebrauch verschmutzt.
Ergänze dein Protokoll und kreuze an: Wobei wurde Wasser verschmutzt?

Sich unseren täglichen Wasserverbrauch vor Augen führen: einen Samstag ODER Sonntag lang den Wasserverbrauch zu Hause protokollieren, im Anschluss ankreuzen, wobei Wasser verschmutzt wurde

3 Wie kannst du Wasser sparen und schützen? Verbinde die passenden Satzteile.

Beim Zähneputzen …	… Regenwasser benutzen. So wird kein Trinkwasser verbraucht.
Anstatt zu baden, …	… das Wasser nicht laufen lassen, sondern einen Becher verwenden.
Weniger Fleisch und Wurst essen, denn …	… bei der Herstellung von Kleidung werden große Mengen Wasser verbraucht.
Zum Blumengießen …	… nicht in die Toilette werfen. Das vergiftet das Abwasser.
T-Shirts und Jeanshosen auch aus zweiter Hand (Geschwister, Flohmarkt) tragen, denn …	… die Futterpflanzen für die Tiere benötigen riesige Mengen an Wasser.
Reste von Medikamenten und Farben …	… lieber duschen. Dabei wird weniger Wasser benötigt.

4 Regenwasser sickert durch Stein- und Sandschichten.
So entsteht sauberes Grundwasser, das als Trinkwasser genutzt werden kann.
Mache dazu ein Experiment.

Frage: Wie lässt sich Wasser reinigen?

Du brauchst: drei Einmachgläser, einen Messbecher, ein Sieb, einen Kaffeefilter, zwei Filtertüten, einen Löffel, Sand, Kies, Aktivkohle, verschmutztes Wasser (mit Blättern, kleinen Aststücken, Erde …)

Gehe so vor:

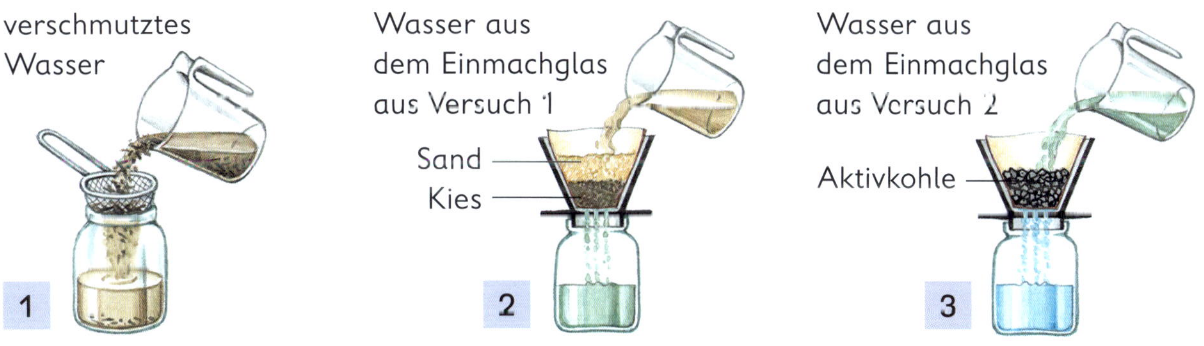

Ergebnis: ______________________________

____

Trinkwasser für unsere Häuser

1 Betrachte die Abbildung.
Woher kommt das Trinkwasser, das wir täglich nutzen?
Schreibe einen Text zum Schaubild.

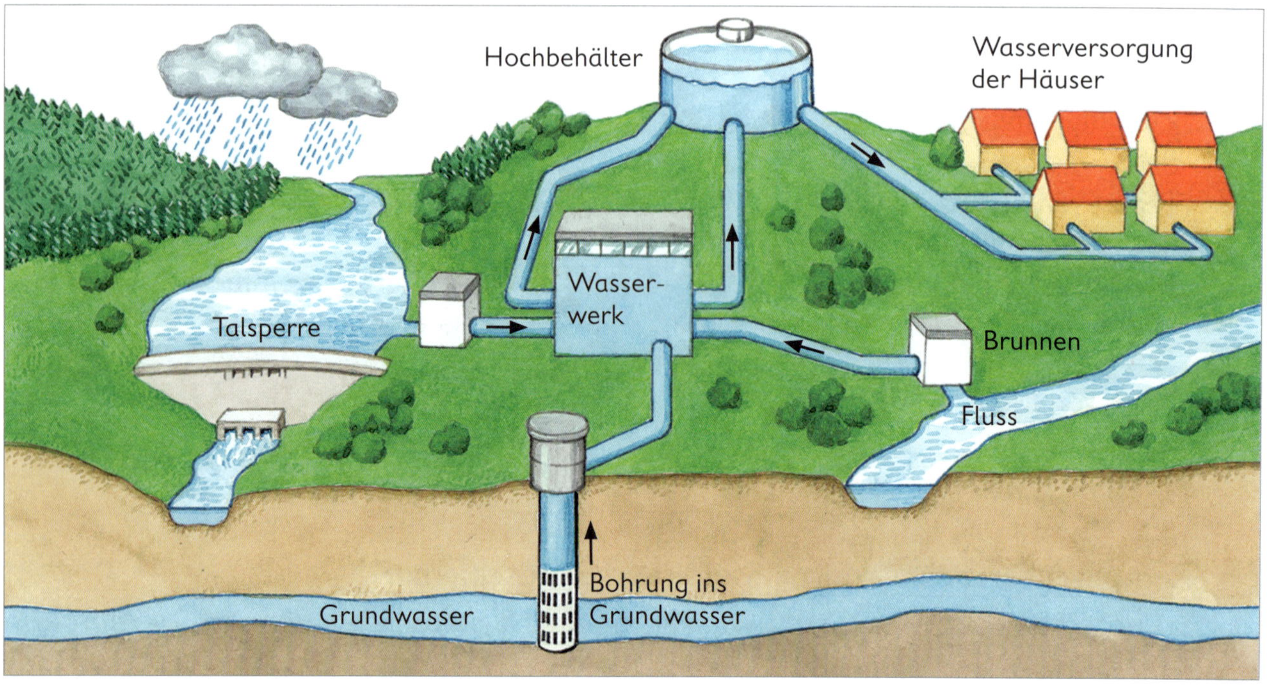

2 Frage in deiner Familie nach: Wozu gibt es Wasserzähler in den Häusern?

Dem Schaubild Informationen zur Herkunft unseres Trinkwassers entnehmen und dazu einen kurzen Text schreiben;
im Haushalt nachfragen, welche Bedeutung ein Wasserzähler hat, diskutieren, warum man für Trinkwasser bezahlen muss

3 Das Kreisdiagramm zeigt, woher in Brandenburg das Trinkwasser kommt. Werte es aus und ergänze die Sätze.

Das meiste Trinkwasser erhalten wir aus

____.

Der Rest des Trinkwassers kommt aus

____

____.

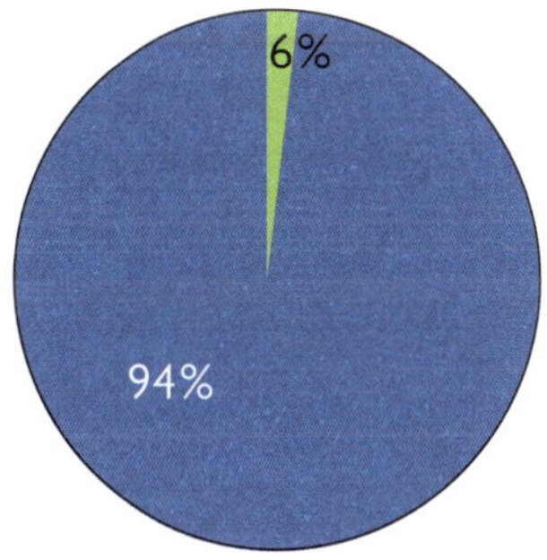

- Grundwasser aus dem Boden
- Oberflächenwasser aus Brunnen in der Nähe von Fließgewässern

4 Vermute: Kann der Hochbehälter alle Häuser mit Wasser versorgen?

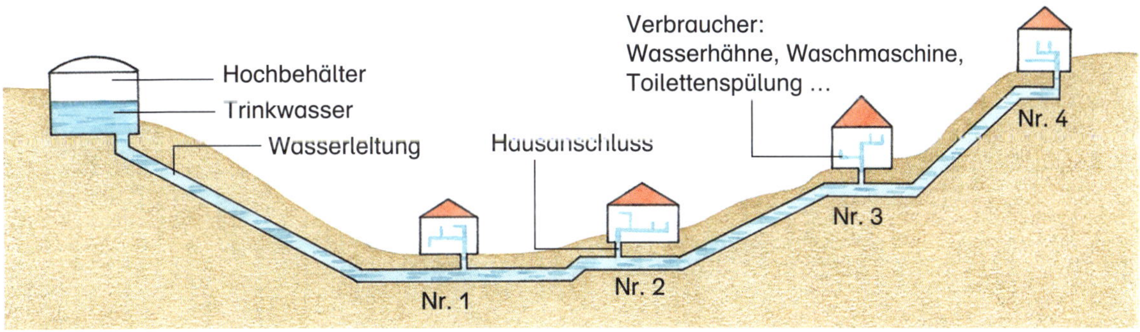

Wasser bergauf fließen lassen

Du brauchst:

- Wasser, einen Schlauch,
- zwei Trichter:

Hochbehälter A, Häuser B

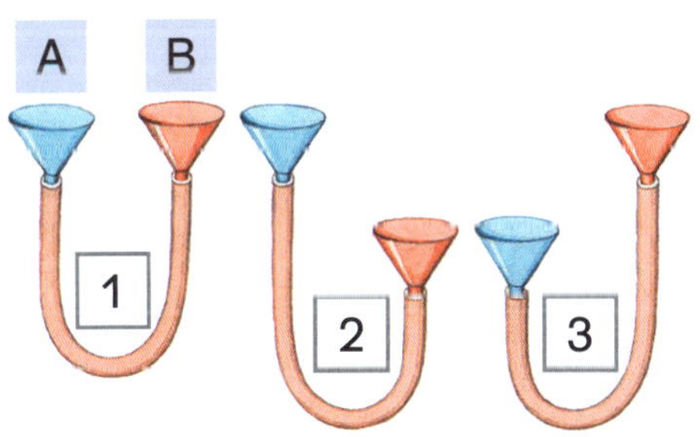

Gehe so vor:

- Baue ein Modell 1
- Gib Wasser in den Hochbehälter A.
- Halte Hochbehälter A und Hauser B unterschiedlich hoch 2 3.
- Finde so heraus, ob alle Häuser mit Wasser aus dem Hochbehälter versorgt werden.

Ergebnis: Alle Häuser werden mit Wasser versorgt: ja ☐ nein ☐

Informationen zur Herkunft des Trinkwassers in Brandenburg einem Kreisdiagramm entnehmen; mithilfe eines Versuches deutlich machen, warum es Hochbehälter (Wassersammelbehälter) gibt

S. 6/7, 12/13

Wasser untersuchen – mit Wasser experimentieren

1 Fülle Trinkwasser in ein Glas. Untersuche das Wasser.

Wie schmeckt Wasser?	Wie riecht Wasser?	Wie fühlt sich Wasser an?

Wie sieht Wasser aus?	Wie fühlt sich Wasser an, wenn ich etwas Spülmittel hinzugebe?	Wie hört sich Wasser an, wenn ich es ausschütte?
		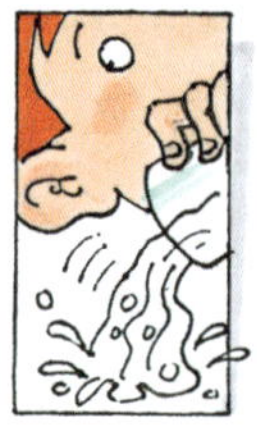

2 Trage die Fachbegriffe ein. Nutze das Schülerbuch.

3 Warum verschwindet die Pfütze?

Wasser betrachten, untersuchen und erforschen, Eigenschaften des Wassers mit den Sinnen wahrnehmen; Fachbegriffe zu den Aggregatzuständen eintragen; den Vorgang des Verdampfens/Verdunstens beschreiben

S. 12/13

4 Führe das Experiment durch.

Schwimmendes Ei

Frage: Kann ein Ei im Wasser schwimmen?

Vermutung: ______________________________

Du brauchst:

Glas

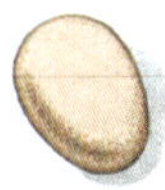

rohes Ei

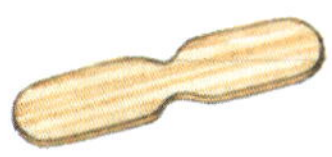

Rührstab

Esslöffel

Salz

Leitungswasser

Gehe so vor:

1 Ich fülle das Glas mit Leitungswasser und lege das Ei mit dem Esslöffel ins Wasser.

2 Ich gebe einen Esslöffel Salz in das Wasser, rühre um und beobachte.

3 Ich gebe noch mehr Salz ins Wasser und rühre vorsichtig um.

Beobachtung und Ergebnis:

1 ______________________________

2 ______________________________

3 ______________________________

Erklärung: *Salzwasser ist schwerer als Leitungswasser, deshalb*

____

____

5 Vermute: Warum geht die Frau im Toten Meer nicht unter? Kreuze an.

- [ ] Das Tote Meer ist ein Salzwassersee.
- [ ] Das Tote Meer ist ein Süßwassersee.
- [ ] Das Wasser enthält viel Salz.
- [ ] Das Wasser enthält wenig Salz.

Ereignisse in der Geschichte Brandenburgs

1 Markiere auf dem Zeitfries das Jahr deiner Geburt ● und das Jahr heute ●.

2 Verbinde die Bilder mit der richtigen Stelle auf dem Zeitfries.

3 Schreibe in die Kästchen mit den Schreiblinien, was das Ereignis für Brandenburg bedeutet hat. Lies im Schülerbuch nach.

1157

Albrecht der Bär nimmt die Burg Brandenburg in Besitz.

Jahr 800 | 900 | 1000 | 1100 | 1200 | 1300 | 1400

800–900

Slawen siedeln in der Niederlausitz.

Slawenburg Raddusch: eine originalgetreue Nachbildung einer slawischen Burg

Klöster entstehen

Mit dem Zeitfries zur Gründungs- und Entwicklungsgeschichte Brandenburgs arbeiten: Ereignisse zeitlich zuordnen, zu Ereignissen schreiben, zu Ereignissen aus dem eigenen Ort forschen und das Zeitfries ergänzen

4 Suche wichtige Ereignisse aus der Geschichte deines Ortes.
Male oder schreibe sie in die leeren Kästchen.
Markiere sie dann auf dem Zeitfries.

1640–1688

Unter dem „Großen Kurfürst“ Friedrich Wilhelm erholt sich das Land vom Dreißigjährigen Krieg.

Fall der Mauer

1500 1600 1700 1800 1900 2000 2100

1934

Das Schiffshebewerk Niederfinow wird errichtet.

1945

Frankfurt/Oder wird im Zweiten Weltkrieg stark zerstört.

Mit dem Zeitfries zur Gründungs- und Entwicklungsgeschichte Brandenburgs arbeiten: Ereignisse zeitlich zuordnen, zu Ereignissen schreiben, zu Ereignissen aus dem eigenen Ort forschen und das Zeitfries ergänzen

S. 2/3, 14/15

Verkehrszeichen kennen

1 Diese Verkehrszeichen solltest du kennen.
Kreuze an, was jedes Schild bedeutet:

	☐ Alle Verkehrsteilnehmer müssen schnell fahren. ☐ Kinder dürfen hier spielen und Autos müssen sehr langsam fahren. ☐ Hier darf ein Radfahrer nicht fahren.
	☐ Du musst anhalten und anderen Fahrzeugen die Vorfahrt gewähren. ☐ Du kannst anhalten und dich ausruhen. ☐ Du darfst an dieser Stelle nur langsam über die Straße gehen.
	☐ Hier wird Sand aufgeladen. ☐ Hier ist ein Spielplatz. ☐ Hier ist eine Arbeitsstelle.
	☐ Mütter müssen ihre Kinder an die Hand nehmen, um sie vor Radfahrern zu schützen. ☐ Für Fußgänger und Radfahrer gibt es getrennte Wege. ☐ Achtung Fußgänger, das ist ein Radweg.
	☐ An diesem Schild müssen Fußgänger warten, bis alle Autos vorbeigefahren sind. ☐ Achtung! Dem Verkehr auf der Vorfahrtstraße muss Vorfahrt gewährt werden. ☐ Hier ist die Einfahrt verboten.
	☐ Radfahrer können fahren und Fußgänger laufen. Sie müssen aufeinander Rücksicht nehmen. ☐ Radfahrer müssen ihr Fahrrad schieben. ☐ Der Weg ist für Radfahrer und Fußgänger gesperrt.

Verkehrszeichen wiederholen oder neu kennenlernen, ihre Bedeutung erfassen und passende Aussagen ankreuzen; sich im Gespräch über entsprechende Verhaltensregeln austauschen, diese im Straßenverkehr anwenden bzw. das Verhalten üben

2 Kreuze an.

Wie verhalte ich mich hier?

- [ ] Ich kann auf die Straße fahren, um den Fußgängern auszuweichen.
- [ ] Ich muss beim Vorbeifahren Rücksicht auf die Fußgänger nehmen.
- [ ] Ich muss warten, bis die Fußgänger vorbeigegangen sind.

3 Betrachte das Bild. Lies die Sätze. Beantworte die Fragen.

Leon fährt durch einen . Worauf muss er bei dem Schild 

achten?

____

Emilys Mutter fährt bis zum Schild . Was muss sie nun tun?

____

4 Ben gerät in einer Nebenstraße an eine  mit dem Schild .
Und was jetzt?

____

Vorbereitung auf die Fahrradprüfung

1 Löse die Aufgaben. Kreuze die richtigen Antworten an.

1. Welche Ausrüstungsgegenstände gehören zu einem verkehrssicheren Fahrrad?

☐ Luftpumpe
☐ helltönende Klingel
☐ Tacho und Rückspiegel
☐ Scheinwerfer vorne und rote Schlussleuchte mit Rückstrahler
☐ Bremsen für Vorder- und Hinterrad
☐ weißer Frontstrahler, Speichenrückstrahler, Pedalrückstrahler und roter Großflächenrückstrahler

2. Welche der Zeichen regeln die Vorfahrt?

☐ ☐ ☐ ☐ ☐ ☐ ☐

3. Welches Fahrzeug fährt als Letztes?

☐ rotes Auto
☐ blaues Auto
☐ Fahrrad

4. Du bist der Radfahrer. Wann darfst du fahren?

☐ als Erster
☐ als Zweiter
☐ als Dritter

5. Du bist der Radfahrer. Wann darfst du fahren?

☐ als Erster
☐ als Zweiter

Regeln zur Verkehrssicherheit als Radfahrer für die Vorbereitung auf die Fahrradprüfung wiederholen; verkehrssicheres Fahrrad, Verkehrszeichen, Vorfahrtregeln, Rücksichtnahme, Verantwortung besprechen

6. Was ist richtig?

☐ Als Radfahrer darf ich am Fußgängerüberweg immer fahren.

☐ Als Radfahrer muss ich anhalten und die Fußgänger vorbeilassen.

☐ Ist die Lücke zwischen den Fußgängern groß genug, kann ich weiterfahren.

7. Wie verhältst du dich als Radfahrer an diesem Waldweg?

☐ Das Auto muss mir die Vorfahrt gewähren.

☐ Ich warte bis das Auto vorbeigefahren ist.

8. Du bist der Radfahrer. Wie verhältst du dich in dieser Situation?

☐ losfahren

☐ noch warten

9. Wie kannst du einen Beitrag zum Umweltschutz leisten?

☐ Ich lasse mich mit dem Auto zur Schule bringen.

☐ Ich fahre mit dem Fahrrad.

☐ Ich fahre, wenn möglich, mit dem Bus oder der Bahn.

10. Wer trägt den Fahrradhelm richtig?

Regeln zur Verkehrssicherheit als Radfahrer für die Vorbereitung auf die Fahrradprüfung wiederholen; Verhalten am Fußgängerüberweg, Ausfahrt aus Waldwegen, Einfahrt in einen Kreisverkehr, Beitrag zum Umweltschutz, richtiges Tragen eines Fahrradhelms

Stromkreis

1 Welche Materialien leiten Strom, welche nicht?

Kreuze an: ☐ leuchtet ☐ leuchtet nicht

2 Führt das Experiment durch.

Stromkreis

Frage: Wann leuchten die Glühlampen?

Vermutung: Bei welcher Schaltung leuchtet eine oder leuchten zwei Lampen? Kreuzt an.

Ihr braucht: 2 Glühlampen, 2 Lampenfassungen, 6 Kabel, eine flache Batterie

Geht so vor: Baut die Schaltungen nach und probiert aus.

Beobachtung: Malt die Glühlampen, die leuchten, gelb an.

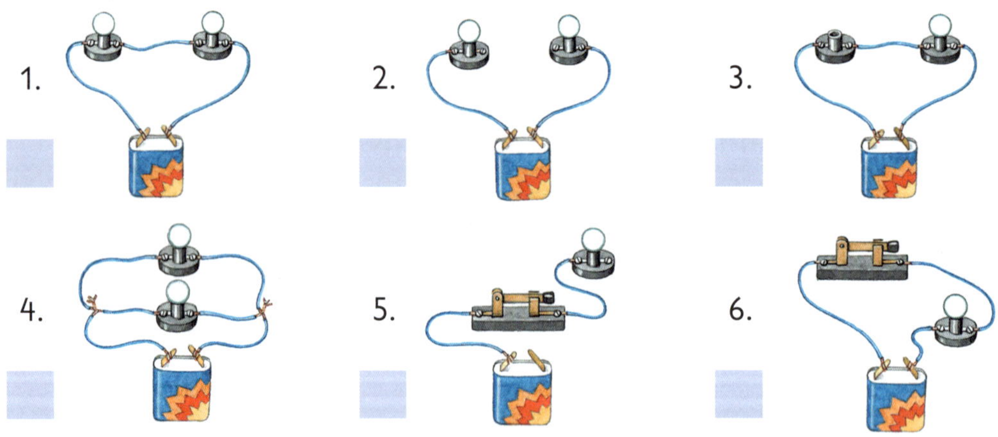

Ergebnis: Eine Glühlampe in einem Stromkreis leuchtet nur dann, wenn

____

____

Versuche zum Stromkreis durchführen und eine Begründung zu der Frage, was die Lampe zum Leuchten bringt, finden

S. 12/13

Zum Ausschneiden

für Seite 12

Pinzettfisch	Weißer Hai	Fächerfisch	Tiefseeanglerfisch

für Seite 15

für Seite 19

für Seite 32

Für Lehrkräfte: Übersicht zur Rahmenlehrplanpassung und Farberläuterung

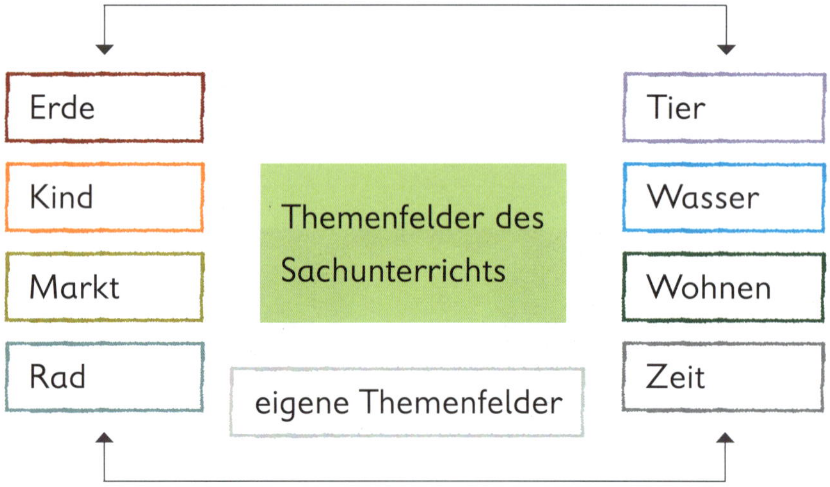

Themenfeld	Seiten im Schülerbuch	Seiten im Arbeitsheft
Kind		
Wie leben Kinder?	5–10	2–3
Wie funktioniert unser Körper?	47–56	20–21
Was ist für unser Zusammenleben wichtig?	10, 48–49, *(86 Erde)*	3, 20, 41
Womit kennen wir uns aus?	56, *(80 Erde)*, *(105–109, 112 Rad)*	38, 50–54
Erde		
Wo befindet sich unsere Erde im All und wie ist sie aufgebaut?	11–18, 38, 57–59, *(19–26, 28 Wasser)*	4–11, 22–23
Welche Lebensräume findet man auf der Erde?	37–46, *(27–36 Wasser)*	12–19
Wo leben wir?	U2, 60–64, 65–80, 104	22–25, 26–39
Wie leben wir?	61, 68–69, 73, 78–79, 81–86	30–32, 34–35, 40–41
Wie ist es so geworden?	99–104	48–49
Wie sieht es hier aus und was wächst?	37–38, 40, 44–46, 66–73, 75, *(32–35 Wasser)*	14–15, 18–19, 26–29, 33–34, 36–37, 39
Wasser		
Was und wie ist Wasser?	24–25, 94, 96, 98	10–11, 46–47
Wo kommt Wasser vor?	19–35, 58–59, 87	8–15, 22–23, 44–45, 47
Kein Leben, kein Alltag ohne Wasser?	87–93, 98	42–45
Wer lebt im und am Wasser?	27, 30–33, 35–36, *(39 Erde)*	12–15
Was kann Wasser bewirken?	34–35, 95, 97	47
Wie nutzen Menschen Wasser?	28, 34–35, 90–93, 98	42-45
Rad		
Was ist im Straßenverkehr zu beachten?	105–109, 112	50–53
Was bringt die Lampe zum Leuchten?	110–111	54